Das sollten Sie wissen: „Meinungen, vorwiegend klug"

Helmut Schmitt, Ex-Bundeskanzler:" Wer die Zahl der Moslems in Deutschland erhöhen will, nimmt eine zunehmende Gefährdung unseres inneren Friedens in Kauf."

Peter Scholl-Latour, Journalist: „Wer halb Kalkutta aufnimmt, rettet nicht Kalkutta, sondern der wird selbst Kalkutta."

Ludwig Erhard, Ex-Bundeskanzler: „Einmal wird der Tag kommen, da der Bürger erfahren muss, dass er die Schulden zu bezahlen habe, die der Staat macht und zum Wohle des Volkes deklariert."

Helmut Schmitt, Ex-Bundeskanzler: „Wen Deutschland nicht passt, der darf gerne gehen."

Deutscher Presserat schützt Terroristen: „In der Berichterstattung über Straftaten von Ausländern soll die Zugehörigkeit zu einer ethnischen, religiösen oder anderen Minderheiten in der Regel nicht erwähnt werden."

Sahra Wagenknecht, MdB: „Es ist schon unglaublich wie ungeniert eine Regierung, die aus angeblicher Geldnot ALG-II-Empfänger und Rentner um ein menschenwürdiges Leben bringt, maroden Banken weitere Milliarden an Kapitalhilfen und Garantien hinterher wirft."

Aiman Maxyek, Zentralrat der Muslime: „Sollte es der AfD gelingen, bei der Bundestagswahl 2017 in den Bundestag zu kommen, dann werde ich dafür sorgen, dass sämtliche Muslime Deutschland unverzüglich verlassen."

Helmut Schmitt, Ex-Bundeskanzler: „Die Vorstellung, dass eine moderne Gesellschaft in der Lage sein müsste, sich als multikulturelle Gesellschaft zu etablieren, mit möglichst vielen kulturellen Gruppen, halte ich für abwegig. Man kann aus Deutschland mit immerhin einer tausendjährigen Geschichte seit Otto I. nicht nachträglich einen Schmelztiegel machen.

Voltaire: „Es ist gefährlich recht zu haben, wenn die Regierung unrecht hat."

Helmut Schmitt, Ex-Bundeskanzler: „Wer nicht redet wird nicht gehört."

Abraham Lincoln, Ex-Präsident der USA: „Willst Du den Charakter eines Menschen erkennen, so gib ihm Macht."

Über Angela Merkel, Bundeskanzlerin: „Eine Kanzlerin die vergeblich versucht Probleme zu lösen, die Deutschland ohne sie niemals haben würde."

Peter Scholl-Latour, Journalist: „Es geht nicht, dass Christen im Orient verfolgt und unterdrückt werden. Während gegen ein Mohamed-Schmäh-Video geschlossen protestiert wird, schweigt man, wenn Christen in islamischen Ländern bedroht werden.

Helmut Schmitt, Ex-Bundeskanzler: „Die Toleranz ist nicht grenzenlos. Sie findet ihre Grenze, vielleicht ihre eigene Grenze, in der etwaigen Intoleranz des anderen."

Josef Stalin, wenn er noch leben würde: „Danke Angela, für deine unschätzbaren Verdienste an der Zerstörung des deutschen und der europäischen Völker."

Helmut Schmitt, Ex-Bundeskanzler: „Die multikulturelle Gesellschaft ist eine Illusion der sogenannten Intellektuellen."

Konrad Adenauer, Ex-Bundeskanzler: „Wir leben alle unter dem gleichen Himmel, aber wir haben nicht alle den gleichen Horizont."

Julia Klöckner, CDU: „Der Steuerzahler muss nicht für die Flüchtlinge aufkommen, da der Bund gut gewirtschaftet hat."

Heiko Maas, SPD: „Die Milliarden für die Integration wurden in diesem Land erwirtschaftet und wurde niemandem weggenommen."

Britischer Autor Frederick Forsyth über deutsche Schuld: „Die meisten von uns Briten wundern sich über die endlose, den Deutschen auferlegte Verpflichtung, sich bis zum Ende ihrer Tage zu entschuldigen. Es ist seit Jahrzehnten vorbei. Es ist Zeit für Deutschland wieder aufzustehen."

Vernon Walters, ehemaliger US-Botschafter: „Was ihr Deutschen braucht, ist mehr Selbstachtung und Patriotismus! Ihr habt das Recht dazu! Ihr seid ein großes Volk, das der Welt unermessliche Kulturschätze geschenkt hat, Schätze der Wissenschaft und Kunst."

Wladimir Putin, russischer Präsident: „Wenn Minderheiten die Scharia wollen dann raten wir ihnen in Länder zu gehen wo dieses Recht herrscht. Russland braucht keine Minderheiten, Minderheiten brauchen Russland. Wir werden ihnen keine Privilegien einräumen, keine Gesetzte ändern, egal wie laut sie Diskriminierung schreien."

Mark Twain: „es ist leichter die Menschen zu täuschen, als davon zu überzeugen, dass sie getäuscht worden sind. Deutschland beweist es täglich."

Ein typisch deutsches, ein typisches Merkel-Urteil: „83jährige deutsche Rentnerin klaut aus Hunger, 9 Monate Knast.

Helmut Schmitt, Ex-Bundeskanzler: „Ehrlichkeit verlangt nicht, dass man alles sagt, was man denkt. Ehrlichkeit verlangt nur, dass man nichts sagt, was man nicht auch denkt."

Egon Bahr, Politiker: „In der internationalen Politik geht es nie um Demokratie oder Menschenrechte. Es geht um die Interessen von Staaten. Merken Sie sich das, egal, was man ihnen im Geschichtsunterricht erzählt hat."

Otto von Bismarck, Politiker: „Es wird niemals so viel gelogen wie vor der Wahl, während des Krieges und nach der Jagd."

Cahit Kaya, Ex-Muslime, über Islam: „Es sind sehr bedenkliche Moscheen Vereine aktiv, die massiv unter den Jugendlichen missionieren und äußerst rassistische und antisemitische Ideologien verbreiten. Mit Demokratie hat dies nichts mehr zu tun. In diesen Clubs wir u.a. der Hass auf den Westen geschürt und eine von türkischen Islamisten angeführte islamische Herrenreligion propagiert. Integration wird völlig abgelehnt und aktiv bekämpft.

CDU-Wahlplakat von 1991: „Asylmissbrauch beenden! 40.000 Asyl-Akten endlich bearbeiten. Schein-Asylanten konsequent abschieben. Grundgesetz ändern." Dafür wird die AfD heute als rechts diffamiert!

Konrad Adenauer, Ex-Bundeskanzler: „Machen sie sich erstmal unbeliebt, dann werden sie auch ernst genommen."

Brigitte Gabriel: „Wenn gute Menschen das Böse nicht sehen, setzt es sich fest. Als Folge zerfallen Gesellschaften und mit zunehmender Apathie wird der Tyrannei Tür und Tor geöffnet. Ich weiß, wovon ich spreche, ich habe es am eigenen Leib erfahren müssen!"

Dietmar Oelinger, NABU Deutschland: „Ein Kreuzfahrtschiff stößt pro Tag so viel Schadstoffe aus wie fünf Millionen Autos."

Kurt Tucholsky: „In Deutschland gilt derjenige, der auf den Schmutz hinweist, für viel gefährlicher als derjenige, der den Schmutz macht."

Sophie Scholl zur Widerstandspflicht: „Nichts ist eines Kulturvolkes unwürdiger, als sich ohne Widerstand von einer verantwortungslosen und dunklen Trieben ergebenen Herrscherclique regieren zu lassen."

Thilo Sarrazin: „Alles was ich in Deutschland schafft sich ab geschrieben habe, hat sich nicht nur voll bestätigt, es ist weitaus schlimmer geworden."

Unbekannter Autor: „Ich bin manchmal lieber alleine, nicht weil ich ein Einzelgänger sein möchte ... sondern weil ich keinen Nerv für die Lügen mancher Menschen habe, die denken, ich wäre doof und würde es nicht merken!

Rainer Maschke, Texter: „Wir leben in einer diktatorischen Demokratie. In einigen Jahren werden wir in einer anderen Form der Demokratie leben, vorausgesetzt, der Islam krempelt nicht alles um, so wie man befürchten kann."

Unbekannter Autor: „Wir haben eine Kanzlerin die vergeblich versucht Probleme zu lösen, die Deutschland ohne sie niemals haben würde!"

Ernst Moritz Arndt (1769 – 1860) über die Selbstzerstörung einer Nation: „Wenn sich die Welt selbst zerstört, dann fängt es so an: Die Menschen werden zuerst treulos gegen die Heimat, treulos gegen die Vorfahren, treulos gegen das Vaterland. Sie werden dann treulos gegen die guten Sitten, gegen den Nächsten, gegen Frauen und gegen Kinder."

Wladimir Putin, russischer Präsident: „Leute, die ganze Nationen zerstören, haben nicht das Recht, uns über Demokratie und die Werte der Freiheit zu belehren."

Berthold Brecht, Autor: „Ich sehe das Neue nahen, es ist das Alte."

Helmut Schmitt, Ex-Bundeskanzler: „Politiker und Journalisten teilen sich das Schicksal, dass sie heute über Dinge reden, die sie erst morgen ganz verstehen."

Louis C. K.: „Selbstverständlich klauen die Ausländer deinen Job! Aber wenn die jemand ohne Geld, Kontakte und Sprachkenntnisse deinen Job wegnehmen kann, bist du vielleicht einfach nur Scheiße."

Zu dem in der Türkei inhaftierten Welt-Journalist Deniz Yücel: „Der Welt-Journalist , der sich 2011 übers Deutschensterben freute ..."

Russischer General: „ Die Nato ist geschaffen worden um die Russen draußen zu halten, die Amerikaner drin zu halten und die Deutschen unten zu halten."

Alexander Gauland, Politiker: „Der Irrsinn des Euro ist überall gegenwärtig, in einer falschen Einwanderung genauso wie in der Zerstörung klassischer Bildungsinhalte, der doppelten Staatsbürgerschaft und einer ideologisierten Verspargelung der Landschaft durch die Energiewende."

Rainer Maschke: „Man möge jedem Bürger vor einer Bundestagswahl die wesentlichen Grundprinzipien aller Parteien vorlegen ohne den Hinweis auf die Quelle. Was denken Sie wie sich dann die Gestaltung der Sitze im Bundestag nach der Wahl zeigt."

Gustav Heinemann, Ex-Bundespräsident: „Der Bürger hat das Recht und die Pflicht, die Regierung zur Ordnung zu rufen, wenn er glaubt, dass die demokratische Rechte missachtet."

Wolfgang Bosbach, Politiker: „Nur solange der Islam in der Minderheit ist, gibt er sich tolerant."

Ein grüner Politiker: „Gerade im Hinblick auf die andersgläubigen Flüchtlinge, ist das jährliche Aufstellen einer Weihnachtstanne ein völlig unzeitgemäßes Ritual."

Adolf Hitler, Diktator: „Was für ein Glück für die Regierenden, dass die Menschen nicht denken."

Milton Friedmann: „Der fundamentale Trugschluss im Wohlfahrtsstaat, welcher sowohl in die Finanzkrise als auch zum Verlust der Freiheit führt, liegt im Versuch, Gutes auf Kosten anderer zu tun."

Michael M.: „Die Taktik ist immer die Gleiche: einwandern, ruhig verhalten, vermehren, Moscheen bauen, ..."

Ostsee-Bürgermeister: „Wenn es nicht anders geht, müssen wir zwangsweise Asylanten in Privathäuser unterbringen. Ich kann den Besitzern die Angst nicht nehmen."

Honoré de Balzac: „Es gibt zwei Arten von Weltgeschichten: die eine ist die offizielle, verlogene, für den Schulunterricht bestimmte; die andere ist die geheime Geschichte, welche die wahren Ursachen der Ereignisse bringt."

George Orwell: „Je weiter sich eine Gesellschaft von der Wahrheit entfernt, desto mehr wird sie jene hassen, die sie aussprechen."

Boris Palmer, Grüner-OB von Tübingen: „Wenn sich jemand nicht an elementare Regeln hält, sind wir berechtigt zu sagen, für euch greift das Asylrecht nicht mehr."

Erdogan, türkischer Präsident: „Die Demokratie ist nur der Zug, auf den wir aufsteigen, bis wir am Ziel sind. Die Moscheen sind unsere Kasernen, die Minarette unsere Bajonette, die Kuppeln unsere Helme und die Gläubigen unsere Soldaten."

Peter Scholl-Latour, Journalist: „Wir leben in einem Zeitalter der Massenverblödung, besonders der medialen Massenverblödung. Wenn sie sich einmal anschauen, wie einseitig die hiesigen Medien, von TAZ bis Welt, über die aktuellen Ereignisse der Gegenwart berichten, dann kann man wirklich von einer Desinformation im großen Stil sprechen. Da diese flankiert wird von den technischen Möglichkeiten des digitalen Zeitalters, kann man nur feststellen, dass die Globalisierung in der Medienwelt zu einer betrüblichen Provinzialisierung geführt hat."

Hamed Abdel-Samad, Islamkritiker: „Die Kritiker der Islamkritiker gehen fast immer nach dem gleichen Muster vor. Ist der Islamkritiker ein Nichtmuslim wirft man ihm Rassismus, Islamophobie und Rechtspopulismus vor. Stammt der Islamkritiker selbst aus dem muslimischen Kulturkreis, dann versucht man ihn persönlich zu diskreditieren."

Milos Zeman, Präsident der Tschechischen Republik: „Falls sie in einem Land leben, in dem sie für das Fischen ohne Angelschein bestraft werden, jedoch nicht für den illegalen Grenzübertritt ohne gültigen Reisepass, dann haben sie das volle Recht zu sagen, dieses Land wird von Idioten regiert."

Albert Schweitzer, Arzt: „Der moderne Mensch wird in einem Tätigkeitstaumel gehalten, damit er nicht zum Nachdenken über den Sinn seines Lebens und der Welt kommt."

Tilo Sarazin, Ex-Politiker: „Ich muss niemand anerkennen, der vom Staat lebt, diesen Staat ablehnt, für die Ausbildung seiner Kinder nicht genügend sorgt und ständig neue, kleine Kopftuchmädchen produziert."

Bruce Lee: „Der Mensch als kreatives Individuum ist viel wichtiger als irgend ein Stil oder System."

Erdogan, türkischer Präsident: „Assimilierung ist ein Verbrechen gegen die Menschlichkeit. Ihr seid meine Staatsbürger, ihr seid meine Freunde, ihr seid meine Geschwister! Es gibt keinen moderaten oder nicht-moderaten Islam. Diese Bezeichnungen sind anstößig und eine Beleidigung unserer Religion. Islam ist Islam, und damit hat es sich.

Rainer Maschke, Autor: „Ich kenne keine Menschengruppe, die so empfindlich und verletzbar sind wie die Muslime."

Mafri Gyula, ungarischer Erzbischof: „Sie kommen um Europa zu besetzen. In der Scharia stehe für alle Muslime der unmissverständliche Auftrag, die ganze Welt dem Islam zu unterwerfen. Wenn dies gelinge, dann hört Europa auf zu existieren. Wir wollen den Wölfen nichts schlechtes, da auch sie Geschöpfe Gottes sind, aber wir lassen sie deshalb doch nicht unter Schafe."

Mahatma Gandhi, Friedensbringer: „Die sieben Todsünden der modernen Gesellschaft: Reichtum ohne Arbeit, Genuss ohne Gewissen, Wissen ohne Charakter, Geschäft ohne Moral, Wissenschaft ohne Menschlichkeit, Religion ohne Opfer, Politik ohne Prinzipien."

Unbekannter Autor: „Wenn das Aufdecken von Verbrechen wie ein begangenes Verbrechen behandelt wird, dann werden wir von Verbrechern regiert."

Berthold Brecht, Autor: „Die Bürger werden eines Tages nicht nur die Worte und Taten der Politiker zu bereuen haben, sondern auch das furchtbare Schweigen der Mehrheit."

Aufruf: „Alle Einliegerwohnungen von Politikern, die nachweislich nicht genutzt werden, sofort als kostenlosen Wohnraum für Flüchtlinge bereitstellen."

Albert Einstein, Physiker: „Was für eine Welt könnten wir bauen, wenn wir die Kräfte, die ein Krieg entfesselt, für den Aufbau einsetzen."

Roland Tichy, Chefredakteur: „Das Volk mit der größten Wirtschaft in Europa fürchtet Massenarmut im Alter – wo doch die deutsche Wirtschaft von einem Erfolg zum nächsten eilt. Nur eben ohne die Deutschen."

Matthias Lubos: „Demokratie ist die Methode, den Willen des Finanzadels so umzusetzen, dass das Volk glaubt, die Mehrheit hat es so gewollt."

Mina Ahadi, Ex-Muslime: „ Wer den richtigen Islam kennen lernen möchte, der kann bei uns vorbei schauen und sich informieren. Aktiver Islam heißt Steinigung, Frauenfeindlichkeit, Pressezensur, ..."

Afghanisches Fernsehen: „Unfassbar: Merkel wirbt im afghanischen Fernsehen zur Massenimmigration nach Deutschland."

Vordenker, ca. 570 vor Chr.: „Nicht die Götter haben die Menschen gemacht, sondern die Menschen haben die Götter gemacht. Nicht die Menschen sind Geschöpfe der Götter, sondern die Götter sind Geschöpfe der Menschen."

Hubert Reeves: „Der Mensch ist die dümmste Spezies! Er verehrt einen unsichtbaren Gott und tötet eine sichtbare

Natur, ohne zu wissen, dass diese Natur, die er vernichtet, dieser unsichtbare Gott ist, den er verehrt."

Albert Einstein, Physiker: „Der Hauptgrund für Stress ist der tägliche Kontakt mit Idioten."

Albert Einstein, Physiker: „Die Herrschaft der Dummen ist unüberwindlich, weil es so viele sind, und ihre Stimmen zählen genauso wie unsere."

Peter Ustinov, Schauspieler: Was der Sinn des Lebens ist, weiß keiner genau. Jedenfalls hat es wenig Sinn, der reichste Mann auf dem Friedhof zu sein."

Otto von Bismarck, Politiker: „Es gibt kaum ein Wort heutzutage, mit dem mehr Missbrauch getrieben wird als mit dem Wort frei. Ich traue dem Wort nicht, aus dem Grunde, weil keiner die Freiheit für alle will, jeder will sie für sich."

Wilhelm Busch, Autor: „Der Neid ist die aufrichtigste Form der Anerkennung."

John F. Kennedy, Ex-Präsident der USA: „Einen Vorsprung im Leben hat, wer da anpackt, wo die anderen erst einmal reden."

Hagen Rether, Kabarettist: „Demokratie ist wenn man sich aussuchen kann, wer einen verarscht."

Ein Satiriker: „Am deutlichsten macht sich der Fachkräftemangel in Deutschland in unserer Regierung bemerkbar."

Hamed Abdel Samuel, Publizist: „Es gibt eben leider keinen Islam ohne Islamismus. Derzeit sind, wenn ich es richtig sehe,

57 Staaten Mitglied der islamischen Konferenz. Kein einziger ist eine Islamismus freie Zone. Es gibt eben leider keinen Islam ohne Islamismus. Das Gewaltpotential ist das stärkste Angebot des Islam. Das Friedenspotential ist viel schwächer ausgeprägt."

Dalai Lama, Religionsführer: „Ich glaube, dass die einzig wahre Religion darin besteht, ein gutes Herz zu haben."

Thomas Jefferson: „Demokratie ist, wenn zwei Wölfe und ein Schaf entscheiden, was es zum Essen gibt."

Elchens: „Würden die Lügen unserer Politiker leuchten, wäre die Erde heller als die Sonne."

Albert Einstein, Physiker: „Wir leben in einer Welt, wo Ehrlichkeit als Schwäche zählt und die Lügner auf Händen getragen werden."

Franklin Roosevelt, Ex-Präsident der USA: „In der Politik geschieht nichts zufällig. Wenn etwas geschieht, dann kann man sicher sein, dass es auf diese Weise geplant war."

Jean Cocteau: „Man darf die Mehrheit nicht mit der Wahrheit verwechseln."

Angela Merkel, Bundeskanzlerin: „Wir schaffen das!"

Joschka Fischer, Ex-Außenminister, Die Grünen: „Deutschland muss von außen eingehegt werden, und von innen durch Zustrom heterogenisiert, quasi verdünnt werden. ... indem so viel Geld wie nur möglich aus Deutschland herausgeleitet wird. Es ist vollkommen egal wofür, es kann auch radikal verschwendet werden. Hauptsache die Deutschen haben es nicht. Schon ist die Welt gerettet."

Jürgen Trittin, Politiker, Die Grünen: „Deutschland verschwindet jeden Tag immer mehr, und das finde ich einfach großartig."

Friedrich Nietzsche: „Manchmal wollen die Menschen die Wahrheit nicht hören, denn das würde ihre ganze Illusion zerstören."

Abdul Aziz ibn Baz, Ex-Großmufti Saudi Arabien: „Die Erde ist flach! Wer auch immer behauptet sie ist rund, der ist ein Atheist und verdient bestraft zu werden."

Sabatina James, Autorin: „ Die Religion, die am meisten Blutspuren auf der Welt hinterlässt, wird am meisten geschützt. Das finde ich total paradox. Und manchmal gerade von denjenigen, die den Banner von Gendergerechtigkeit, Multikulti und sexueller Selbstbestimmung vor sich hertragen."

Erwin Rommel, Ex-General: „Im ideologischen Krieg töten sich die, die sich nicht kennen, auf Befehl derer, die sich kennen – aber nicht töten!"

Medien: „23 Milliarden Euro haben uns die sogenannten Fachkräfte, bzw. Invasoren im letzten Jahr gekostet. 23 Milliarden Euro die uns für den Bau von Schulen, Kindergärten, Krankenhäusern, Obdachlosenheimen, usw. fehlen."

Wenige Medien: „Deutschland bekanntester Deutschlandhasser, Deniz Yücel, ist wieder zurück in dem

Land; dessen Untergang er feiert. Er sagte: Super Deutschland schafft sich ab. ... In der Mitte Europas entsteht bald ein Raum ohne Volk. Schade ist das aber nicht. ... Denn mit den Deutschen gehen nur Dinge verloren, die keiner missen wird. ... Der baldige Abgang der Deutschen aber ist Völkersterben von seiner schönsten Seite. ... Eine Nation, deren größter Beitrag zur Zivilisationsgeschichte der Menschheit darin besteht, dem absolut Bösen Namen und Gesicht zu geben. Die deutsche Regierung unter Merkel hat diesen Menschen aus türkischer Haft freigekauft."

Claudia Roth, Grüne Politikerin: „Türkei ist für mich zweite Heimat. Ich mach seit 20 Jahren Türkeipolitik, das sind viele Jahre. Und ich liebe die Menschen in der Türkei. Und ich liebe die Konflikte in der Türkei, es gibt immer wieder Probleme, immer wieder Konflikte.

Donald Trump, Präsident der USA: „Die Immigrationspolitik in Europa ist ein Desaster. Europa und seine Kultur werden zerstört. Trump fragt: Wie viele Flüchtlinge hat China aufgenommen? Antwort: keine."

Iman Hassan Dabbagh: „Natürlich steht das deutsche Grundgesetz über der Scharia, solange wir in der Minderheit sind."

Barack Obama, Ex-Präsident der USA: „Deutschland ist ein besetztes Land, und wird es auch bleiben."

Ein Journalist: Wer kein Schweinefleisch, keine Hunde, keinen Alkohol, keine emanzipierte Frauen, keine fröhliche Musik, keine Christen, keine Juden, und keine Demokratie mag, der hat hier nichts verloren. Wie kommt man also auf die Idee, dass der Islam zu Deutschland gehört."

Aus den Medien: 23 Milliarden Euro haben uns eingewanderte Fachkräfte im letzten Jahr gekostet. 23 Milliarden Euro die uns für den Bau von Schulen, Kindergarten, Krankenhäuser, Obdachlosenheime, usw. fehlen."

Rainer Maschke, Kritiker: „Beobachten sie einige Gruppen Menschen westlicher Prägung ob und wie sie lachen und Freude haben. Beobachten sie einige Gruppen Menschen islamischer Prägung ob und wie sie lachen und Freude haben. Zu welchem Ergebnis sind sie gekommen?"

Ein witziger Redakteur: „Weltpolitik schnell erklärt: Wenn Türken in Deutschland auf die Straße gehen, um für Erdogans Politik zu demonstrieren, dann ist das in etwa so, als wenn Freilaufhühner in Niedersachsen für Käfighaltung in Bayern demonstrieren."

Statistik aus den Medien: „Die Berufsqualifikation von Flüchtlingen, von insgesamt 2.500: davon 190 mit Schulabschluss und davon 150 mit Berufsausbildung oder Studium, der Rest, 2.310 ohne Schulabschluss."

Rainer Maschke: „Von den Invasoren der letzten drei Jahre haben ihrer Ansicht nach wieviel den ehrlichen Status Flüchtling? Sie wissen es nicht, es weiß niemand. Wenn sich ein Mensch einen Vorteil verschaffen will, dann neigt er zur Lüge und besonders in diesen Fällen, denn es lässt sich schlecht überprüfen. Ich habe mir ein Bild bei pharmazeutischen und medizinischen Organisationen machen können, und dies ist nur ein kleiner Teil. Ein Krankenpfleger aus einem nicht klar zu erkennenden Herkunftsland gibt sich als Arzt aus, eine Krankenhaushilfskraft als Apothekerin. Ich habe in Singular geschrieben, es ist aber deutlicher Plural. Und das schlimmste kommt noch. Die Prüfungskommissionen der einzelnen Länder lassen dies zu zwei Drittel durchgehen."

Ein deutlicher Journalist: „Geht es noch bescheuerter? Merkel will nun helfen, Saudi-Arabiens Grenzen zu schützen, weigert sich aber weiterhin beharrlich, die Deutschen Grenzen ordentlich zu schützen."

Rainer Maschke: „Saudi-Arabien hat keine oder so gut wie keine Flüchtlinge aufgenommen, obwohl diese Menschen ihnen näher stehen als den Westlern."

Feststellung: „Martin S. aus W. muss mit 890 Euro Rente am Tag auskommen. Wir kämpfen für Menschen wie Martin. Deshalb SPD!"

Angela Merkel, Bundeskanzlerin: „... dann ist das nicht mein Land. – Es war nie ihr Land! – Es gehört uns allen! - Sie sind hier nur angestellt! Befristet!"

Volker Pispers: „Wir sitzen in einem Zug, der auf den Abgrund zurast. Schauen sie sich die USA an. Das ist gelebter Kapitalismus im Endstadium. Die Reichen haben sich komplett zurückgezogen. Einige Wohnviertel mit Zäunen und Sicherheitspersonal, einige Kindergärten, Schulen, Unis, Krankenhäuser. Die Mittelschicht braucht zwei Jobs parallel, um überhaupt halbwegs klar zu kommen. Das letzte Drittel sitzt komplett im Dreck, obdachlos oder in Vierteln, in die sich nicht mal mehr die Polizei traut. 95 % aller amerikanischen

Medien befinden sich in der Hand fünf reicher Familien. Und auf diesen Abgrund rasen wir auch zu. Aber keiner traut sich, die Notbremse zu ziehen. Alles was wir tun ist, alle vier Jahre den Lokführer zu tauschen und zu sagen: Halt Kurs und gib Gas."

Ralph Giordano, Publizist: „Um dieses Deutschland wach zu rütteln vor den Gefahren des politischen Islam, muss wahrscheinlich erst Blut fließen."

Benjamin Franklin: „Es ist die erste Verantwortung eines jeden Bürgers die Regierung zu hinterfragen!"

Dr. Daniel Ganser: „Wir stecken heute mitten im Informationskrieg. Immer mehr Menschen erkennen das und wachen sozusagen auf. Es ist heute wichtig zu verstehen, dass die Massenmedien in diesem laufenden Informationskrieg benutzt werden um die Menschen zu lenken und zu steuern."

Ungern veröffentlichte Zahlen: „Bundesanwaltschaft weist über 1.000 Strafanzeigen gegen Bundeskanzlerin Angela Merkel ab."

Hans Dietrich Genscher, Es-Außenminister, 1984: „Wir sind kein Einwanderungsland. Wir können es nach unserer Größe und wir können es wegen unserer dichten Besiedlung nicht sein. Deshalb geht es darum, ohne Eingriffe in die Rechte des einzelnen und der Familie, ohne Verletzung der Grundsätze der Toleranz. Zu einer Verminderung der Ausländerzahl zu kommen."

Text: „Wenn die Christen herausfinden, dass pulverisierte Hoden von IS-Kämpfern potenzfördernd sind, wäre das Problem gelöst."

Michael Mannheimer: „Worüber deutsche Medien schweigen, Immigranten der Aquarius in Spanien: Gespendete Kleidung weggeworfen und in Restaurant mit 100-Euro-Scheinen bezahlt Wer Klamotten wegwirft, wer mit 100-Euro-Scheinen bezahlen kann – der kann unmöglich ein Notleidender und schon gar kein Flüchtling sein. Man denke an die deutschen Flüchtlinge 1944-1946: Bettelarm, kaum Kleidung.

Eine anonyme Meinung: „Hassan wurde in Deutschland geboren, Hassan ist Deutscher. Tapsy, ein Hamster, wurde in einen Aquarium geboren, Tapsy ist ein Fisch."

Brief eines kanadischen Bürgermeisters an muslimische Eltern: „Muslimische Eltern haben gefordert, Schweinefleisch aus den Schulkantinen zu verbannen. Der Bürgermeister von Dorval, einem Vorort von Montreal, verweigerte sich diesem Ansinnen und erklärte in einem Rundbrief an alle muslimischen Eltern, warum er das tat: Muslime müssen begreifen, dass sie sich an Kanada und Quebec anzupassen haben. Sie müssen begreifen, dass sie ihren Lebensstil ändern müssen, nicht die Kanadier, die sie so großzügig aufgenommen haben. Sie müssen begreifen, dass die Kanadier weder rassistisch, noch xenophob sind. Die Kanadier haben viele Immigranten von den Muslimen akzeptiert. Umgekehrt ist dies nicht der Fall. Kein muslimischer Staat akzeptiert nicht-muslimische Immigranten. Genau wie andere Nationen sind die Kanadier nicht bereit, ihre Identität und ihre Kultur aufzugeben. Kanada ist ein Land mit Willkommenskultur. Fremde werden nicht vom Bürgermeister von Dorval willkommen geheißen, sondern von der Bevölkerung Kanadas und Quebecs insgesamt. Schließlich müssen Muslime verstehen, dass in Kanada mit seinen jüdisch-christlichen Wurzeln, Christbäume, Kirchen und religiöse Feste, sowie die Religion insgesamt eine Privatangelegenheit bleiben muss. Der Stadtrat von Dorval hat das Recht, keine Konzessionen an den Islam und die Scharia zu machen. Muslimen, die mit der Säkularisation ein Problem haben und sich deshalb in Kanada unwohl fühlen, stehen 57 wunderschöne muslimische Länder zur Verfügung, die meisten davon mit zu wenig Bevölkerung, die Zuwanderer mit offenen Halal-Armen aufnehmen, in Übereinstimmung mit der Scharia. Wenn sie Kanada gewählt haben, statt eines anderen muslimischen Landes, geschah das, weil sie wussten, dass ein Leben in Kanada sehr viel besser ist, als dort, wo sie herkommen. Fragen sie sich: Warum ist das Leben in Kanada besser, als dort, wo sie herkommen? Das wagt bei uns doch kaum ein Politiker! Wieso eigentlich nicht? Namaste"

Karl Marx: „Der Koran und die auf ihm fußende muslimische Gesellschaft reduziert Geographie und Ethnologie der verschiedenen Völker auf die einfache und bequeme Zweiteilung in Gläubige und Ungläubige. Der Ungläubige ist der Feind. Der Islam ächtet die Nationen der Ungläubigen und schafft einen Zustand permanenter Feindschaft zwischen Muslimen und Ungläubigen."

Helmut Schmidt, Ex-Bundeskanzler: „Die Eltern haben ihren Erziehungsauftrag an 25 Fernsehkanäle und die Videoindustrie abgegeben."

Victor Orban, ungarischer Präsident: „Diese Soros-Welt besitzt keine sicheren Standpunkte mehr, es ist nicht mehr klar, wer der Mann und wer die Frau ist, was Familie ist, was es bedeutet Ungar und Christ zu sein. Sie kreieren ein drittes Geschlecht, verspotten den Glauben, halten die Familie und die Nation für veraltet. Wir Ungarn wollen das nicht."

Tim K.: „Wenn ein Syrer in Pinneberg die Vielehe nach Scharia-Recht praktiziert und auf Staatskosten mit zwei Ehefrauen und sechs Kindern in einem eigens dafür gestellten Einfamilienhaus lebt, dann ist das eine Verhöhnung der eigenen Bevölkerung in Form eines unfassbaren Unrechts!"

Frauke Petry, AfD-Politikerin: „Mal sind wir angeblich Mehrheitsbeschaffer der CDU, mal der Steigbügelhalter einer Linksregierung. Das ist alles Unsinn. Die AfD ist eine eigenständige Kraft und ich halte die 8 Prozent die uns in Umfragen vorhergesagt werden, durchaus für ausbaufähig."

Unbekannter Autor: „Ironie ist, wenn Terroristen die sexsüchtige westliche Welt hassen, sich aber hochjagen, um im Paradies 72 Jungfrauen zu bekommen."

Klaus Kleber, ZDF: „Wir haben deshalb die Satire gegen Erdogan aus dem Programm genommen, um die Beitrittsverhandlungen Deutschlands zur Türkei nicht zu gefährden."

Albert Einstein: „Oben ohne heißt nicht immer Cabrio oder nackte Brüste ... es gibt Leute, die haben da wirklich nichts!"

H. L. Mencken: „Moral ist das zu tun, was richtig ist, egal was einem gesagt wird. Religion ist das zu tun, was einem gesagt wird, egal was richtig ist."

Kofi Annan: „Alles was das Böse benötigt, um zu triumphieren, ist das Schweigen der Mehrheit."

Unbekannter Publizist: „Nach 12 Jahren Merkel sind mehr als 500.000 Rentner auf Sozialhilfe angewiesen. So viel wie noch nie. 993.000 Leiharbeiter müssen für einen Hungerlohn in den Betrieben arbeiten. Auch das ist ein neuer Rekord. 1,7 Millionen Kinder sind arm! Der Dritte Rekord unter Angela Merkels 12-jähriger Amtszeit. So darf und kann es nicht weitergehen. 12 Jahre sind genug."

Hermann Göring: „Natürlich, das einfache Volk will keinen Krieg. Aber schließlich sind es die Führer eines Landes, die die Politik bestimmen und es ist immer leicht, das Volk zum Mitmachen zu bringen, ob es sich nun um eine Demokratie, um ein Parlament oder eine kommunistische Diktatur handelt. Das ist ganz einfach. Man braucht nichts zu tun, als dem Volk zu sagen, es würde angegriffen, und den Pazifisten ihren Mangel an Patriotismus vorzuwerfen und zu behaupten, sie brächten das Land in Gefahr. Diese Methode funktioniert in jedem Land."

Julian Assange: „Fast jeder Krieg der letzten 50 Jahre war eine Folge von Medien Lügen. Wenn sie nicht staatliche Propaganda abgedruckt hätten, hätten sie die Kriege stoppen können."

Silvana Heißenberg: „Sie sind die verachtenswerteste und kriminellste Bundeskanzlerin, die das Deutsche Volk je erdulden musste. Sie haben dem Deutschen Volk vorsätzlich und gesetzwidrig Terror, Krieg, Armut und den Tod durch illegale Asylschmarotzer, hunderttausende Söldner, IS Terroristen und weitere Schwerverbrecher in unser Land importiert."

Rainer Maschke: „Angela Merkel hat Gäste eingeladen, deren Benehmen sie nicht kannte. Nachdem die Gäste gekommen waren, hat sie sich als unfähige Gastgeberin und Hausherrin gezeigt. Das bereitgestellt Buffet wurde Vandalen ähnlich angegriffen. Nach kurzer Zeit sah dies aus wie ein Schlachtfeld."

Victor Hugo: „Es ist eine Krankheit der Menschen, dass sie ihr eigenes Feld vernachlässigen, um in den Feldern der anderen nach Unkraut zu suchen."

Ernst Moritz Arndt: „Ein Volk, das sich einem fremden Geist fügt, verliert schließlich alle guten Eigenschaften und damit sich selbst."

Rainer Maschke: „Wenn ein Zug auf einem stabilen Schienenabschnitt aus Stahl gut voran kommt und dann in eine Region fährt mit Schienen aus minderwertigem Eisen, so ist das Unglück vorprogrammiert. Wenn ein Volk Jahrzehnte im gesellschaftlichen Zusammenhalt lebt und plötzlich bewusst oder unbewusst in den emotionalen Ansichten gespalten wird, so ist das Unglück vorprogrammiert."

Unbekannter Autor: „Es ist ekelhaft und widerwärtig, wenn unsere etablierten Politiker fordern, dass kein Asylbewerber obdachlos werden darf, während unzählige Deutsche auf der Straße leben!"

Aus einer Satiresendung: „War heute beim Psychiater, aber er meinte, das würde nichts bringen. IHR müsset schon selbst kommen."

Thomas Pfitzer: „Der Aufbau von Feindbildern ist die wirksamste Methode zur Manipulation der Massen."

Rainer Maschke: „Der Aufbau von Willkommen Kulturen ist die wirksamste Methode zur Manipulation der Massen."

Albert Einstein: „Der Horizont vieler Menschen ist wie ein Kreis mit Radius Null. Und das nennen sie dann ihren Standpunkt.

John F. Kennedy: „Die fundamentalen Probleme, vor denen die Welt heute steht, lassen sich nicht mit militärischen Mitteln lösen."

Friedrich Nitzsche: „Fanatismus ist die einzige Willensstärke, zu der auch die Schwachen und Unsicheren gebracht werden können.

Aus einer Satiresendung: „Erst stirbt der Diesel, dann stirbt die Wirtschaft. Und am Ende schreiben dir die Grünen vor, wie oft dein Esel furzen darf!"

Kurt Tucholsky: „Unterschätze nie die Macht dummer Leute, die einer Meinung sind."

Robert Bosch: „Ich zahle nicht gute Löhne, weil ich viel Geld habe, sondern ich habe viel Geld, weil ich gute Löhne bezahle."

Kathrin Göring Eckardt, Grüne Politikerin: „Wir brauchen in Deutschland nicht nur Migrantinnen und Migranten, die

Fachkräfte sind, die brauchen wir auch. Wir brauchen vor allen Dingen Migrantinnen und Migranten, die sich in unser Sozialsystem wohl und zu Hause fühlen!"

Theodor Fontane: „Der Grund, warum Menschen zum Schweigen gebracht werden, ist nicht, weil sie lügen, sondern weil sie die Wahrheit reden. Wenn Menschen lügen, können ihre eigenen Worte gegen sie angewandt werden. Doch wenn sei die Wahrheit sagen, gibt es kein anderes Gegenmittel als die Gewalt."

Helmut Schmidt: „In der Krise beweist sich der Charakter."

Satire: „Politiker sind wie Tauben! Wenn sie unten sind, fressen sie den Bürgern aus der Hand! Sind sie oben, scheissen sie aufs Volk!!!"

Aus den Medien: „Schweden am Abgrund. Schwedische Sozialisten haben das einst sicherste Land der Welt durch Massenimmigration des Islam zum weltweit zweitgefährlichsten Land für Vergewaltigung gemacht!"

Heinrich von Kleist: „es bricht der Wolf, o Deutschland, in deine Herden ein, und deine Hirten streiten um eine Handvoll Wolle sich."

Ein Junge: „Ihr doofen Politiker. Wir brauchen keine Ganztagsbetreuung, sondern ein Leben, das sich meine Eltern leisten können, ohne 5 Jobs zu haben!"

Albert Einstein: „Phantasie ist alles. Es ist die Vorschau auf die kommenden Ereignisse des Lebens."

Daila Lama: „Es gibt nur zwei Tage im Jahr, an denen man so gar nichts tun kann: der eine heißt gestern, der andere heißt morgen; also ist heute der richtige Tag um zu lieben, zu glauben, zu handeln und vor allem zu leben."

Boualem Sansal, algerischer Schriftsteller: „Der Islam wird eure Gesellschaft vernichten. Europa hat keine Zukunft mehr. Der Islam erscheint mir sehr gefährlich wegen seiner brutalen, totalitären Seite. Der Islam ist ein furchteinflößendes Gesetz geworden, das nichts als Verbote ausspricht, den Zweifeler verbannt und dessen Eiferer mehr und mehr gewalttätig sind."

Aus den Medien: „Angela Merkel sagt: Wir?? Also, mich hat niemand gefragt oder wurdet ihr gefragt? Und eins hat sie nie gesagt, dass wir dieses WIR vielleicht mit unserem Leben bezahlen müssen!"

George Orwell: „Journalismus ist, etwas zu veröffentlichen, wovon andere nicht wollen, dass es veröffentlicht wird. Alles andere ist Propaganda!"

Immanuel Kant: „Nur Völker, die für Ihre Freiheit kämpfen, werden mit der Freiheit belohnt. Die ungeschrieben Gesetze und Zwänge der Natur werden letztlich dasjenige Volk belohnen, das sich allen Widerwärtigkeiten zum Trotz erhebt, um gegen Ungerechtigkeit, Lügen und Chaos anzukämpfen."

Israelischer Journalist: „Wo es Muslime gibt, können wir Gewalt und Terror erwarten."

Michael Mannheimer: „Islam und Gewalt: Warum der Islam niemals einen Platz in den westlichen Zivilisationen haben darf."

Albert Einstein: „Jeder ist auf seine Weise ein Genie! Aber wenn du einen Fisch danach beurteilst, ob er auf einen Baum klettern kann, wird er sein ganzes Leben denken, er sei dumm."

Unbekannter Autor: „Das Blöde am Leben ist, dass auch Arschlöscher mitmachen dürfen!"

Albert Einstein: „Persönlichkeiten werden nicht durch schöne Reden geformt, sondern durch Arbeit und eigene Leistung."

Aus den Medien: „Für alle, die Afrika retten wollen, hier nochmal ein Größenvergleich!"

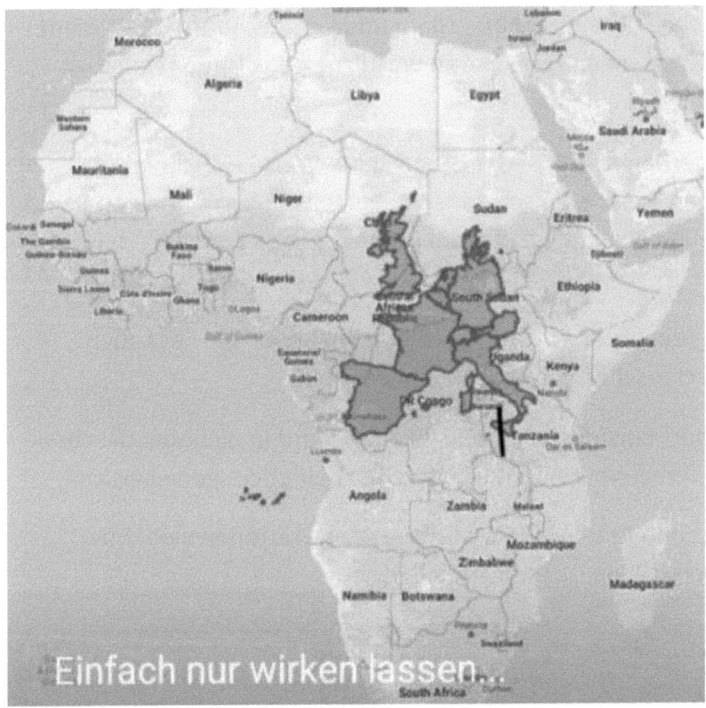

Einfach nur wirken lassen...

Satire: „Nur mal für Alle! Ich feiere Weihnachten mit dem Christkind! Ich esse Negerküsse und Zigeunerschnitzel! Es bleibt wie es ist!

Unbekannter Autor: „Mit dummen Menschen zu streiten ist wie mit einer Taube Schach zu spielen: Egal, wie gut du Schach spielst, die Taube wird alle Figuren umwerfen, auf das Brett kacken und herumstolzieren, als hätte sie gewonnen."

Jimi Hendrix, Musiker: „Wenn die Macht der Liebe die Liebe zur Macht übersteigt, erst dann wird die Welt endlich wissen, was Frieden heißt."

Friedrich Schiller: „Die Großen hören auf zu herrschen, wenn die Kleinen aufhören zu kriechen!"

Direkt: „Terroranschlag in Europa: halb so wild, die Gefahr bei einem Verkehrsunfall getötet zu werden ist viel höher. Terroranschlag in Kabul: alle Afghanen sind in Gefahr, sofortiger Abschiebestopp."

Satire: „Schweiz: wir wollen keine türkischen Wahlkampfauftritte; Türkei: ok. Niederlande: das wollen wir auch nicht; Türkei: na gut. Deutschland: also so ganz einverstanden sind wir damit auch nicht; Türkei: Nazis!"

Voltaire: „Wenn Du wissen willst, wer dich beherrscht, finde heraus, wen du nicht kritisieren darfst!"

Helmut Schmidt: „Leute, die keinen Krieg erlebt haben, wohl aber selbst Krieg führen oder provozieren, wissen nicht, was sie Furchtbares anrichten."

Albert Einstein: „Die reinste Form des Wahnsinns ist es, alles beim Alten zu belassen und gleichzeitig zu hoffen, dass sich etwas ändert."

Medien-Satire: „Schon über eine Woche keine Doku über Hitler auf NTV – dem wird doch wohl nichts passiert sein?"

Dalai Lama: „es ist so leicht, scheinbar recht zu haben, wenn man es mit der Wahrheit nicht allzu genau nimmt."

Report, deckt auf: „Deutsche Krankenkassen zahlen türkische Angehörige in der Türkei mit."

Unbekannter Autor: „Das größte Kommunikationsproblem ist, dass wir nicht zuhören um zu verstehen. Wir hören um zu antworten."

Michael Stürzenberger: „Der Koran, das tödlichste Buch der Menschheit. Auch China hat massive Probleme mit dem Islam. Aber die chinesischen Behörden sind nicht so hirnentkernt, toleranzbesoffen, willkommenskulturfetischistisch, islamversteherisch und faktenblind wie die deutschen."

Francesco Petrarca: „Fünf große Feinde des Friedens wohnen in uns: nämlich Habgier, Ehrgeiz, Neid, Wut und Stolz. Wenn diese Feinde vertrieben werden könnten, würden wir zweifellos ewigen Frieden genießen."

Rainer Maschke: „Francesco, du hast zweifelsfrei recht. Aber würde man die von dir genannten fünf sozialen Triebe vertreiben, dann fehlen uns auch Antriebe weiter zu kommen. Das Mittelmaß ist der Weg."

Unbekannter Autor: „Die Art wie dich jemand behandelt, sagt aus, was für ein Mensch er ist und nicht, was für ein Mensch du bist."

Unbekannter Autor: „Am Rande des Wahnsinns steht kein Geländer."

Hinweis: „Es dürfen übrigens die gleichen Leute wählen gehen, für die auf den Tiefkühlpizzakartons steht: Folien vor dem Verzehr entfernen."

Mahatma Gandhi: „Gewalt ist die Waffe der Schwachen."

Unbekannter Autor: „Manche Menschen merken erst, wie sie mit anderen umgehen, wenn sie selbst so behandelt werden und plötzlich ist das Leben unfair."

Gegner der Grünen: „In Deutschland muss man drei Jahre lernen um Brötchen backen zu dürfen. Außenminister darf jeder Depp werden, ohne Lehrzeit."

Der Club der toten Dichter: „Ganz gleich, was man ihnen erzählt. Worte und Gedanken können die Welt verändert."

Rainer Maschke: „Ja, ihr Toten, handeln verändert aber noch mehr."

B. K.: „Wer sein ganzes Leben ehrlich, fair und fleißig ist … hat in Deutschland gute Chancen einsam, krank und völlig verarmt zu sterbe!".

Medien aus Norwegen: „Norwegen: Strenge Migrationspolitik hält immer mehr Asylsuchende aus Afghanistan fern."

Rainer Maschke: „Wenn in den vergangen Jahren 100 Prozent Menschen in Deutschland mehr illegal als legal eingewandert sind, was glauben Sie wie viele davon echte Flüchtlinge sind? Sie wissen es nicht? Keiner weiß es! Wäre es nicht besser bei diesem hohen Prozentsatz an illegalen Einwanderern von Invasoren zu sprechen?"

Medien-Autor: „Wenn die Klügeren immer nachgeben, geschieht nur das, was die Dummen wollen."

Kurt Tucholsky: „Wer auf andere Leute wirken will, der muss erst einmal in ihrer Sprache mit ihnen reden."

Binsenweisheit, aber wahr: „Höre vorsichtig zu wie eine Person mit dir über andere Leute redet

Einiges aus dem Volk: „Man stelle sich vor, nach dem Zweiten Weltkrieg wären unsere Mütter und Väter einfach abgehauen ...“

Rainer Maschke: „Sind sie nicht, sie haben aufgebaut. Diese Möglichkeit haben auch die Zugereisten.“

Ein enttäuschter Bürger: „Blühende Wirtschaft. Volle Staatskassen. Stagnierende Reallöhne. Kaum bezahlbarer Wohnraum. Altersarmut. Politiker führen Scheindebatten und kriechen Lobbyverbänden in den Arsch. Millionäre sprechen im TV über untere Einkommen. In einem Land, in dem wir gut und gerne leben.“

Henry Ford: „Das Geheimnis des Erfolges ist, den Standpunkt des anderen zu verstehen.“

Schülerdialog: „Wie weit ist eigentlich Afrika von uns entfernt? Nicht weit, wir haben einen Afrikaner in der Schule und er kommt jeden Morgen mit dem Fahrrad. Dein Ernst?“

Kluger Kopf: „Wenn dir jemand sagt, etwas sei nicht möglich, ist es eine Reflektion seiner Grenzen, nicht deiner.“

Marianna Jermakowa: „Sei stolz auf dich, niemand außer dir weiß, wieviel Kraft, Tränen, Mut und Vertrauen es gekostet hat dort zu sein, wo du jetzt bist.“

Weiser Mensch: „Wenn man immer wieder wartet und hofft, dass sich der Mensch ändert, der einen ständig versetzt, dann verpasst man den, der einen glücklich macht.“

Einzelhändler: „Heutzutage kennen die Leute von allem den Preis und von nichts den Wert."

Vorstand: „Probleme, die man konsequent ignoriert, verschwinden nur, um Verstärkung zu holen:

Hi Hi: „Du hast zwar Recht, aber meine Meinung finde ich trotzdem besser."

Dalai Lama: „Tiefgreifende Veränderungen geschehen nicht über Nacht."

Alter Freund: „Ich führe in meinem Leben gerade einige Veränderungen durch. Wenn du nichts mehr von mir hörst, bist du wahrscheinlich einer davon.

Kein Bericht in einer großen Zeitung: „Ein brutaler Wirtschaftsmigrant hat in Karlsruhe vor den Augen weiterer Kinder mit dem Messer auf ein 7 jähriges Kind eingestochen um es zu ermorden. Update: Nun ist es gestorben, Presse vertuscht den Fall."

Kluger Ratgeber: „5 Dinge, mit denen du ab jetzt aufhören kannst:

1. Es jedem Recht machen wollen
2. Angst haben vor der Veränderung
3. In der Vergangenheit leben
4. Dich selbst an die letzte Stelle setzen
5. Zu viel Grübeln

Eine weitere Meinung: „Wir Deutsche lieben unser schönes Land. Hier gibt es seit urgedenken sehr viele Kirchen und Kapellen, Weihnachten, Ostern, Pfingsten und viele andere christliche Feste und Bräuche. Wir Deutsche schätzen unsere Familien, Frauen sind gleichberechtigt, Kinder genießen bis zum 16. Lebensjahr einen besonderen Schutz. Wer hier leben möchte, muss unsere Lebensweise achten oder aber dorthin zurückkehren wo er hergekommen ist!"

Dalai Lama: „Denk daran, dass Schweigen manchmal die beste Antwort ist."

Indianisches Sprichwort: „Urteile nie über einen anderen, bis du nicht einen Mond lang in seinen Mokassins gelaufen bist!"

Voltaire: „Beurteile jemanden nach seinen Fragen, nicht nach seinen Antworten!

Ein Schauspieler: „Ich könnte es erklären, aber danach müsste ich sie erschießen. – Weil es so geheim ist? – Weil sie es nicht kapieren und mich das aufregt!

Ein Pfarrer: „Was ist Erfolg? – Ich glaube, Erfolg ist, wenn du abends ins Bett gehen kannst und deine Seele Frieden hat."

Ein Demonstrant: „Ich habe eine eigene, nicht mit der Politik konforme Meinung. Ich bin Pack!"

Dalia Lama: „Denk daran, manchmal, wenn man etwas nicht bekommt, was man unbedingt will, dann ist es vielleicht ein richtiger Glückstreffer."

Ein möglicher Landwirt: „Immer wenn Gras über die Sache gewachsen ist, kommt irgend so ein Esel daher und frisst es wieder ab."

Eine ältere Dame aus Norwegen: „wenn ist alt bin, will ich nicht jung aussehen, sondern glücklich."

Ein Hamburger: „Toleranz ist anerzogen und nicht angeboren."

Reifer IT-Experte: „In der heutigen Zeit kaum vorstellbar … aber muss ich eigentlich immer erreichbar sein? Nein. Erlaube es dir, auch mal nicht erreichbar zu sein. Das ist der neue Luxus."

Rainer Maschke: „Als ich im vergangenen Monat wenige Minuten meine Schwester in Ägypten von meinem Handy aus angerufen habe, hat mich das knapp 100,- € gekostet. Wenn ein Syrer, Afghane oder wer auch immer täglich in seine Heimat telefoniert dann wären dies 3.000,- € im Monat. Wer zahlt das, liebe Politik? Ich möchte mir ein transparentes und ehrliches Bild machen, geht in Deutschland aber nicht."

Politikverdrossener: „Es heißt nicht mehr Politiker, sondern Lobbyist mit Korruptionshintergrund."

Möglicher Zoologe: „Es ist das Ende der Welt, sagte die Raupe – es ist erst der Anfang sagte der Schmetterling."

Langjähriger Freund: „Freundschaft muss nicht perfekt sein. Nur echt."

Dr. Gabriele Bojunga: „Freundschaften muss man sich erarbeiten um sie zu erhalten."

Walter Mitty: „Im Leben geht es um Mut und den Aufbruch ins Unbekannte."

Noch ein Freund: „Freunde sind übrigens die, die bleiben, wenn man mal eine Zeit lang nicht wie gewohnt funktioniert."

Er ist 87 Jahre und mehrfacher Euro-Millionär: „Glücklich ist nicht der, der alles hat, was er will, sondern der, der zu schätzen weiß, was er hat."

Ex-Verfassungsrichter: „Merkels Alleingang war ein Akt der Selbstermächtigung."

Zwischendurch ein anderes Thema: „Mein Vater ist ein richtiger Angsthase! – Warum denn das? – Immer wenn Mami nicht da ist, schläft er bei der Nachbarin."

Ruhender Pol: „Ruhe schenkt dir die Möglichkeit, die Wahrheit deines Selbst zu erkennen. Lasse die Wogen sich glätten und schaue in Dich."

Möglicher Imker: „Wenn alle sagen: Das geht nicht, versuche es trotzdem. Denk immer an die Hummel. Im Verhältnis zu ihrem Körpergewicht ist ihre Flügelfläche so klein, dass sie nach den Gesetzen der Aerodynamik unmöglich fliegen kann. Die Hummel aber weiß das nicht. Sie fliegt einfach."

Klaus Kinski, Schauspieler: „Schlechtes Benehmen halten die Leute doch nur deswegen für eine Art Vorrecht, weil ihnen keiner aufs Maul haut."

Zu Til Schwaiger: „Ich könnte auch ein Heim für Obdachlose bauen ... aber die Flüchtlinge sind mir dann doch lieber."

Charles Darwin: „Es ist nicht die stärkste Spezies, die überlebt, auch nicht die intelligenteste. Es ist diejenige, die der Versuchung widersteht, Waschmittel zu fressen und sich dabei zu filmen."

Prof. Dr. Gabriele Krone-Schmalz: „Heute gibt es Techniken, da können sie bei Live-Programmen Dinge, die nicht da sind einblenden und Dinge, die da sind verschwinden lassen. Das weiß ich zufälligerweise ganz genau, weil dieses Patent an der TU Ilmenau entwickelt wurde, und da sitze ich im Hochschulrat."

Deutscher Hochadel: „Wer sind sie eigentlich, Frau Merkel, dass sie sich erlauben ganz Europa zu islamisieren, ohne Rücksicht auf die Interessen und den Willen der Bevölkerung?"

Englischer Islam-Prediger Anjem Choudary: „Wir sind dabei, uns England zu nehmen. Wir sind wie ein Tsunami, der über Europa hinwegfegt. Das ist erst der Anfang."

Rainer Maschke: „Mir liegen unterschiedliche Publikation, direkt oder indirekt von der Deutschen Bundesregierung vor, die unmissverständlich als Einladungen von Muslime nach Deutschland zu verstehen sind. Hier ein Beispiel: Deutschland, Erste Informationen für Flüchtlinge, Herder Verlag, Konrad Adenauer Stiftung, erschienen im Jahre 2015. Es wird darin auf 140 Seiten in Deutsch und in Arabisch beschrieben wie für den Flüchtling der optimale Weg in Deutschland zu beschreiten ist."

Helmut Schmidt: „Mit einer demokratischen Gesellschaft ist das Konzept von Multikulti schwer vereinbar. Vielleicht auf ganz lange Sicht. Aber wenn man fragt, wo denn multikulturelle Gesellschaften bislang funktioniert haben, kommt man sehr schnell zum Ergebnis, dass sie nur dort friedlich funktionieren, wo es einen starken Obrigkeitsstaat gibt. Insofern war es ein Fehler, dass wir zu Beginn der 60er

Jahre Gastarbeiter aus fremden Kulturen ins Land holten." Er spricht nicht von beispielsweise den Italienern.

Medien: „Deutsche Justiz schickt 87-jährige Kleinrentnerin wegen Schwarzfahrens ins Gefängnis. Oma Gertrud – gehbehindert – konnte das Geld für die Tram nicht bezahlen. Ohne die Tram hätte sie nicht an ihre Arbeitsstelle fahren können. Der Zuverdienst war so minimal, dass die Tramkosten ihn vollständig aufgefressen hätten."

H. L. Mencken: „Jede Regierung ist ihrem Wesen nach organisierte Ausbeutung, und in praktisch allen existierenden Formen ist sie der unversöhnliche Feind eines jeden fleißigen und wohlgesinnten Menschen.

Bertolt Brecht: „Es gibt viele Arten zu töten. Man kann einem ein Messer in den Bauch stechen, einem das Brot entziehen, einen von einer Krankheit nicht heilen, einen in eine schlechte Wohnung stecken, einen durch Arbeit zu Tode schinden, einen zum Suizid treiben, einen in den Krieg führen. Nur weniges davon ist in unserem Staat verboten."

Wo sehe ich aus heutiger Sicht die wirklichen Probleme der nächsten 100 Jahre? Kurz auf den Punkt gebracht sind dies:

1. Islam
2. Informationstechnologie
3. Verweichlichung und Verrohung
4. Unkontrollierte Invasion

Details und Begründung in den Büchern:

„Untergang des Abendlandes, gefühlt ab 2015" und

„Essay und Ausblick des Buches – Untergang des Abendlandes, gefühlt ab 2015"

Herstellung und Verlag:
BoD-Books on Demand, Norderstedt
ISBN: 978-3-7528-6693-3